Kraftquellen für den Alltag

C

Doris Wolf & Rolf Merkle

Kraftquellen für den Alltag

Unsere ganz persönliche Sammlung positiver Gedanken

PAL

Die Deutsche Bibliothek - CIP-Einheitsaufnahme

Wolf, Doris:
Kraftquellen für den Alltag : unsere ganz
persönliche Sammlung positiver Gedanken /
Doris Wolf & Rolf Merkle. - 6. Auflage. -
Mannheim: PAL, 2002
ISBN 3-923614-51-9
NE: Merkle, Rolf:

Druck: C. Bockfeld, Neustadt

Liebe Leserin, lieber Leser,

um gesund zu bleiben, kommt es nicht nur darauf an, sich gesund zu ernähren. Ebenso wichtig ist die geistige Nahrung in Form positiver und lebensbejahender Gedanken.

In diesem Buch möchten wir Ihnen die positiven Gedanken vorstellen, die für uns persönlich von großer Bedeutung sind. Auch wir lassen uns manchmal von negativen Erfahrungen beeinflussen; auch wir sind mit uns manchmal unzufrieden und fühlen uns ärgerlich, enttäuscht oder unwohl.

In solchen Augenblicken greifen wir ganz bewusst zu Gedanken, wie wir sie Ihnen in diesem Buch vorstellen. Es sind Gedankenschätze, mit denen wir uns auf andere Gedanken und damit in eine andere Stimmung bringen, wenn es uns nicht gut geht.

Wir wünschen Ihnen, dass auch Ihnen die Gedanken dieses Buches eine ebenso große Hilfe im Alltag sind wie uns. Lassen Sie sich inspirieren, Mut machen und in eine gute Stimmung versetzen.

Doris Wolf & Rolf Merkle

POSITIVES ECHO

Eines Tages verbot eine Mutter ihrem Jungen etwas, was er sich sehr wünschte. Der Junge rannte wütend aus dem Haus und rief: „Ich hasse dich, ich hasse dich." Aus dem nahgelegenen Wald kam zurück: „Ich hasse dich, ich hasse dich."

Der Junge rannte verängstigt zu seiner Mutter: „Mami, Mami, da ist ein Junge, der sagt, dass er mich hasst." Die Mutter nahm ihren Sohn bei der Hand, ging mit ihm vor das Haus und sagte: „Sag ihm ‹Ich liebe dich, ich liebe dich›." Ihr Sohn folgte ihrem Rat und zurück kam: „Ich liebe dich, ich liebe dich."

Senden wir Argwohn und Misstrauen aus, dann werden uns andere Menschen ebenso begegnen. Senden wir dagegen ein Lächeln oder ein freundliches Wort, so werden wir dies sehr oft auch zurückbekommen.

Ein freundliches Wort, ein Kompliment oder ein Lächeln gehen nicht verloren. Sie kehren immer wieder zu uns zurück.

Das Leben ist ein Echo.

Manchmal müssen wir etwas verlieren, um seinen ***Wert*** *erst richtig zu* **entdecken.**

WERTSCHÄTZUNG

Wenn alles gut läuft, wir weder seelische noch körperliche Schmerzen haben, dann gehen wir meist sehr gedankenlos und achtlos mit diesem Besitz um. Wir tun dann so, als habe uns jemand ewige Gesundheit und all die anderen Annehmlichkeiten garantiert, mit denen wir uns im Alltag umgeben. Schon so kleine Dinge wie eine verstauchte Hand oder ein heftiger Schnupfen machen uns jedoch schmerzlich bewusst, wie wertvoll der Besitz einer gesunden Hand und Nase doch war.

Warum also nicht immer mal wieder innehalten und sich bewusst machen, wofür wir dankbar sein könnten. Das steigert nicht nur unser Wohlbefinden, indem uns klar wird, wie „reich" wir eigentlich sind. Wir schätzen diesen Reichtum dann auch mehr und gehen sorgsamer mit ihm um.

Wenn wir unzufrieden sind, dann geht es uns wie jenem Mann, der sich darüber beklagt, dass er keine Schuhe hat, bis er jemanden trifft, der keine Beine hat.

Wir alle besitzen so viel, über das wir uns freuen und für das wir unendlich dankbar sein könnten. Wir halten es jedoch für selbstverständlich, dass wir z.B. zwei Arme und Beine haben, dass wir sehen, hören, riechen und schmecken können.

Wenn wir unsere Zufriedenheit steigern oder erhalten wollen, dann sollten wir uns von Zeit zu Zeit in Erinnerung rufen, wie „reich" wir sind.

Unzufriedenheit ist die Strafe dafür, dass wir nicht mit dem zufrieden sind, was wir besitzen.

***Glücklich** ist,*
wer im Alltäglichen
das
Wunderbare
sieht.

DANKBARKEIT

In der Regel betrachten wir alles, was uns umgibt, als selbstverständlich und schätzen es deshalb nicht besonders. Wer von uns erfreut sich noch an einem Sonnenaufgang? Wer hört noch bewusst zu, wenn die Vögel zwitschern? Wer von uns nimmt noch den kleinen Käfer am Wegrand wahr oder bewundert die Kraft, die in einem winzigen Samen steckt?

Alles im Leben ist ein Wunder. Wenn wir uns dafür öffnen, dann bereichern wir unser Leben, und wir empfinden eine tiefe Befriedigung und ein Glücksgefühl, wie es ein Pelzmantel oder ein neues Auto uns niemals geben können.

Wenn wir im Alltäglichen die kleinen und großen Wunder sehen, brauchen wir keine Sensationen, um unser Leben zu bereichern oder aufregend zu machen. Das Leben selbst ist aufregend und spannend, wenn wir dafür offen sind.

SPONTANEITÄT

Unsere Eltern haben uns mit Erfolg beigebracht und vorgelebt, dass das Leben eine (tod)ernste Sache ist, in der kein Platz für Späße und Spontaneität ist. „Sei nicht so kindisch, sonst wirst du nie erwachsen", mussten sich viele von uns anhören. Aber haben wir gut daran getan, erwachsen zu werden und das kleine Mädchen oder den kleinen Jungen in uns verkümmern zu lassen? Haben wir gut daran getan, die Spontaneität, Neugierde und Abenteuerlust aus unserem Leben zu verbannen?

Nein. Leben heißt Spaß haben und Spaß haben kann nur, wer nicht alles so furchtbar ernst nimmt und sich über Zwänge und Normen hinwegsetzt.

Gehen wir das Risiko ein, von anderen belächelt zu werden, und haben wir dabei unseren Spaß. Sollen die anderen sich ruhig wie Erwachsene benehmen - und sich langweilen.

Das Kind in uns kann unser Leben bereichern.

Wenn wir nicht an UNS selbst glauben, können wir nicht erwarten, dass es andere tun.

SELBSTVERTRAUEN

Wenn wir an uns und unseren Fähigkeiten zweifeln, wenn wir uns für unbegabt, dumm oder hilflos halten, dann strahlen wir eine Unsicherheit aus, die andere spüren. Die Folge: Andere trauen uns auch nichts zu und wir werden oft übergangen, ausgenutzt oder benachteiligt.

Deshalb sollten wir uns nicht über das fehlende Vertrauen der anderen beklagen, sondern bei uns selbst beginnen, indem wir unser Selbstvertrauen und unser Selbstwertgefühl stärken. Je mehr wir von uns und unseren Fähigkeiten überzeugt sind, umso mehr glauben wir an uns, umso mehr Selbstsicherheit strahlen wir aus und umso mehr glauben auch andere an uns.

Wenn wir von anderen anerkannt und gemocht werden möchten, dann müssen wir zuerst uns selbst annehmen und uns mögen. Wenn wir uns ändern, dann ändern sich auch unsere Mitmenschen und unsere Lebensbedingungen.

SELBSTVERWIRKLICHUNG

Von klein auf versuchen andere, uns vorzuschreiben, wie wir zu leben haben. Da wir alle gemocht und anerkannt werden wollen, gewöhnen wir uns an, es anderen recht zu machen. Wir wagen es kaum noch, so zu leben, wie wir es uns wünschen und vorstellen, und richten uns viel zu sehr nach den anderen. Dabei vergessen wir jedoch: Wenn wir so leben, wie andere es für richtig halten, dann leben wir nach einem Fahrplan, der auf die Wünsche und Bedürfnisse der anderen zugeschnitten ist, und der deshalb vielleicht an unseren Lebenszielen und Täumen vorbeigeht.

Deshalb muss jeder von uns selbst entscheiden, wie er leben will, was für ihn wichtig ist und welche Ziele er hat. Hilfreich ist es, mit folgender Frage zu beginnen: Was würde ich bereuen, in meinem Leben nicht getan oder gesagt zu haben, wenn ich am Ende meines Lebens zurückblicke? Die Antwort auf diese Frage ist ein guter Anfang für ein selbstbestimmtes und erfülltes Leben.

Das **Leben**
ist ein verlorenes
Gut, wenn wir
unsere **Träume**
nicht leben.

Verschiebe dein Leben nicht auf morgen.

Lebe heute!

BEWUSST LEBEN

Wenn wir 60 Jahre alt sind, dann haben wir 21915 Tage gelebt. Bei durchschnittlich 8 Stunden Schlaf pro Tag haben wir davon ganze 7305 Tage verschlafen. Es bleiben also nur noch 14610 Tage, die wir bewusst erleben und an denen wir uns erfreuen können. Das ist nicht viel, oder?

Und wieviele Tage davon lassen wir achtlos verstreichen, indem wir uns über die Zukunft sorgen oder das Leben und unsere Träume auf einen fernen Tag in der Zukunft aufschieben.

Sein Leben so erfüllt und befriedigend wie nur möglich zu leben, bedeutet, jeden Tag so leben, als wäre er der letzte. Die Wahrheit ist nämlich: Wir alle haben nur diesen einen Tag. Die Vergangenheit, das Gestern, ist für jeden von uns vorbei. Die Zukunft, das Morgen, ist für jeden von uns nur ein Versprechen.

Alles, was wir haben, ist das Heute, diesen Augenblick. Leben und schätzen wir ihn, damit wir nicht sterben, ohne je gelebt zu haben. Wir alle sterben zwar, nur wenige Menschen aber haben auch wirklich gelebt.

POSITIVES SELBSTBILD

Das Bild, das wir von uns haben, bestimmt unsere Persönlichkeit, d.h. solange wir uns z.B. als schüchterne und gehemmte Menschen sehen, so lange bleiben wir auch schüchtern und sind gehemmt. Wenn wir uns aber sehen, wie wir selbstsicher auftreten, uns vorstellen, wie wir selbstbewusst denken, fühlen und handeln, dann entwickeln wir auch eine selbstbewusste Persönlichkeit.

Je mehr wir also uns ausmalen, wie wir denken, fühlen und handeln möchten, je mehr wir uns vorstellen, der zu sein, der wir sein möchten, um so mehr werden wir zu dieser Person. Was wir uns vorstellen, wird Wirklichkeit - im Positiven wie im Negativen.

***Sieh** dich nicht,*
wie du bist,
sondern wie du in
***Zukunft** sein*
möchtest.

Sei dir selbst dein
bester Freund
und nicht dein
schlimmster Feind.

SELBSTLIEBE

Wie oft stehen wir uns selbst im Weg, wenn es um unser Glück und unseren Erfolg geht? Wieviele Chancen und Möglichkeiten lassen wir ungenutzt vorbeiziehen, nur weil wir dem anderen misstrauen?

Das meiste Leid, das wir erfahren, haben wir uns selbst zugefügt, weil wir uns selbst mehr ein Feind als ein Freund sind. Wären wir uns selbst ein Freund, würden wir uns gut zureden, wenn uns der Mut verlässt, würden uns trösten, wenn wir verzweifelt sind, würden uns den Rücken stärken, wenn wir an uns zweifeln.

Wer sich selbst zum Freund hat, der kann nicht verloren gehen. Wann schließen Sie Freundschaft mit sich?

SELBSTSICHERHEIT

Diese beiden Worte entscheiden sehr oft über Erfolg oder Misserfolg. Wenn wir uns nämlich einreden, etwas nicht zu können, dann gehen wir an diese Sache entweder halbherzig heran oder versuchen es erst gar nicht. Beim ersten Hindernis oder Misserfolg geben wir auf und sagen: „Ich wusste ja, dass ich es nicht kann."

Die meisten erfolgreichen Menschen sind „Ich-kann-Denker". Sie gehen davon aus, dass sie alles, was andere vor ihnen erreicht haben, auch erreichen können. Und wenn noch nie jemand zuvor das erreicht hat, was sie sich vornehmen, dann suchen sie nach einem Weg, das „Unmögliche" möglich zu machen. Haben sie keinen Erfolg oder stellen nach vielen, vielen Anläufen fest, dass sie nicht ans Ziel gelangen, dann ist das in Ordnung. Sie wenden sich einem anderen Ziel zu und versuchen erneut ihr Glück.

Wenn wir an den Erfolg glauben, dann finden wir auch einen Weg zu ihm und haben die Kraft, die Steine auf der Straße zu unserem Ziel aus dem Weg zu räumen.

Die zwei wichtigsten Worte für Erfolg sind „Ich kann“.

Ob du *glaubst*, dass du etwas kannst, oder glaubst, etwas nicht zu *können*, du hast immer Recht.

Unsere Einstellungen entscheiden zu einem Großteil über Erfolg oder Misserfolg. Hält man sich für unbegabt, dumm oder unfähig, glaubt man, etwas nicht lernen oder beherrschen zu können, dann ist die Wahrscheinlichkeit sehr groß, dass wir Recht behalten. Durch unsere negative Erwartungshaltung versuchen wir entweder erst gar nicht, eine Aufgabe zu meistern, oder wir geben zu früh auf, weil wir auftretende Probleme als einen Beweis dafür ansehen, dass wir mit unserer negativen Meinung Recht hatten.

Was wir befürchten oder erwarten, bewahrheitet sich, da unsere Einstellungen gleichsam wie Magneten wirken, die das anziehen, was wir denken.

Klagen wir deshalb nicht andere Menschen oder das Schicksal an, wenn wir nicht das bekommen, was wir uns wünschen, sondern schauen wir auf unsere Einstellungen.

Ein Fehler kann nicht alle guten Taten zunichte machen, die wir in unserem Leben gemacht haben.

SELBSTANNAHME

Wenn wir einen Fehler machen, dann sind wir sehr oft schnell bei der Hand, über uns ein vernichtendes und im höchsten Maße ungerechtes Urteil zu fällen. Wir werfen uns so hässliche Worte an den Kopf wie: Versager, Idiot oder Taugenichts. Die Folge solch selbstabwertender Worte sind Gefühle der Minderwertigkeit und Unzulänglichkeit.

Ungerecht sind diese Worte deshalb, weil wir so tun, als würden wir nur Fehler machen und dabei alle Leistungen und Siege der Vergangenheit vergessen - mögen sie in unseren Augen auch noch so klein sein. Seien wir deshalb etwas gerechter zu uns und sehen nicht nur unsere Fehler und Schwächen, sondern auch unsere Stärken und positiven Seiten. Seien wir etwas nachsichtiger mit uns und verzeihen uns unsere Fehlerhaftigkeit.

So schmerzhaft Krisen auch sein können und so sehr sie uns aus der Bahn werfen können, in ihnen verbergen sich oftmals neue und ungeahnte Möglichkeiten.

So nutzen viele Menschen, die aufgrund eines Herzinfarktes in Lebensgefahr schwebten, diese Erfahrung, um ihrem Leben eine andere Richtung und Bedeutung zu geben. Sie sagen: „Diese Erfahrung hat mir die wertvollste Lektion meines Lebens erteilt. Wie konnte ich nur so sorglos mit meinem Leben umgehen? Ich werde jeden Tag als ein Geschenk nehmen und ihn so bewusst, so schön und so befriedigend gestalten wie nur möglich".

Persönliche, familiäre oder gesundheitliche Krisen sind eine Aufforderung, über uns und unser Leben nachzudenken. Wenn wir diese Zeit nutzen, dann können wir für unser Leben einen neuen, besseren Fahrplan ausarbeiten - einen Fahrplan, der mitten durchs Leben führt und nicht daran vorbei.

In jeder Krise
steckt die
Chance,
unser Leben ***zum***
Besseren *zu*
wenden.

Es gibt keine Feinde, nur Trainingspartner.

TRAININGSPARTNER

Wenn wir mit Menschen zusammentreffen, die negativ reagieren oder uns ablehnen, tun wir uns sehr oft schwer, nicht auch negativ zu reagieren. Wir neigen in solchen Situationen dazu, uns über diese Menschen aufzuregen, oder betrachten sie als unsere Feinde.

Genauso gut könnten wir diese Menschen aber auch als Trainingspartner ansehen, als Menschen, die uns durch ihr Verhalten aufzeigen, wo wir verwundbar und empfindlich sind. Wir können lernen, eine Kritik - ob nun berechtigt oder nicht - als eine Chance anzusehen, besser mit Kritik umgehen zu lernen.

In diesem Sinne helfen uns andere, und wir können ihnen dankbar sein - wenn wir uns dafür entscheiden, sie als Trainingspartner anzusehen, die uns die Chance geben, gelassener und reifer zu werden.

NEUE LÖSUNGEN

Niederlagen und Fehlschläge sind unvermeidbare Bestandteile unseres Lebens. Für unseren persönlichen und beruflichen Erfolg sind sie jedoch nicht so ausschlaggebend. Viel wichtiger ist, wie wir mit ihnen umgehen bzw. welche Schlussfolgerung wir aus ihnen ziehen.

Sehen wir eine Niederlage als Beweis dafür an, dass wir unfähig sind oder es keine Lösung für unser Problem gibt, dann sind wir mutlos und geben auf.

Wir können eine Niederlage aber auch als einen Hinweis darauf ansehen, dass wir einen falschen Weg eingeschlagen haben oder uns noch mehr einsetzen müssen. Wenn wir so über Fehlschläge denken, wenn wir also an uns glauben, statt an uns oder unseren Fähigkeiten zu zweifeln, dann zerbrechen wir nicht an unseren Misserfolgen, sondern können an ihnen wachsen.

Die wichtigste Einstellung gegenüber Problemen ist: Es gibt immer eine Lösung.

Eine Niederlage kann ein Schritt zum Erfolg sein oder eine Sackgasse - je nachdem, wie wir mit ihr umgehen.

Wenn sich eine Tür schließt, dann öffnet sich eine andere.

NEUE ANSICHT

Wenn uns jemand, bildlich gesprochen, die Tür vor der Nase zuschlägt, wenn wir eine Chance vertan oder nicht genutzt haben, oder wir etwas nicht getan haben, was für uns gut gewesen wäre, schauen wir oft voller Wehmut und Schmerz auf die verschlossene Tür. Wir sind dann in Gedanken so mit der verpassten Chance, der Niederlage und der erlittenen Enttäuschung beschäftigt, dass wir nicht die Möglichkeiten und Türen erkennen, die für uns offen sind - und es sind immer welche offen. Wir sehen sie nur deshalb nicht, weil wir unseren Blick wie gebannt auf die verschlossene Tür richten.

Wir können uns darin üben, unseren Blick ganz bewusst von der verschlossenen Tür weg auf die vorhandenen Möglichkeiten und Chancen zu richten. Hilfreich dabei ist die Einstellung, dass es für jedes Problem bereits eine Lösung gibt - auch wenn wir diese im Moment noch nicht sehen können.

NEUGIERDE

Solange eine Blume wächst und sich entwickelt, so lange lebt sie. Hört ihr Wachstum auf, beginnt ihre Blüte zu verwelken, dann sind ihre Tage gezählt.

Wenn wir Menschen aufhören, für das Neue aufgeschlossen zu sein, wenn wir glauben, wir seien fertig und müssten oder könnten nichts mehr dazulernen, dann sind auch unsere Tage gezählt. Unser Geist und unser Körper beginnen zu verwelken und die Lebensgeister schwinden.

Deshalb sollten wir immer bewusst darauf achten, Neues zu lernen. Stillstand kündigt das nahe Ende an.

Wer sich nicht ständig darum bemüht, Neues zu lernen, ist damit beschäftigt, zu sterben.

Deine *Kräfte* sind so groß wie dein *Glaube.*

TALENTE

Welche Macht der Glaube hat, kann man bei hypnotisierten Menschen sehen. Der Hypnotisierte glaubt, was man ihm sagt, da sein kritischer Verstand ausgeschaltet ist. Sagt man ihm, dass seine Arme schwer wie Blei sind und er sie keinen Millimeter bewegen könne, so ist ihm dies unmöglich. Würde man einen Gewichtheber, der normalerweise 100 kg mühelos heben kann, hypnotisieren und ihm suggerieren, dass er einen Bleistift nicht vom Boden aufheben kann, so würde ihm das nicht gelingen. Er wäre noch genauso stark, lediglich sein Glaube, schwach zu sein, würde bewirken, dass er schwach ist.

In jedem von uns schlummern Kräfte und Talente, die wir nur deshalb nicht entfalten, weil wir nicht an sie und uns glauben. Welche Kräfte und Talente enthalten Sie sich vor?

GLAUBENSKRAFT

Es gibt Menschen, denen Ärzte nur noch wenige Monate zu leben geben, die sich aber noch viele Jahre ihres Lebens erfreuen. Dann gibt es Menschen, denen geben die Ärzte noch viele Jahre zu leben, die aber nach wenigen Wochen sterben. Während die einen überzeugt sind, wieder gesund zu werden, glauben die anderen, unheilbar krank zu sein, und geben ihren Lebenswillen und damit sich auf.

Der Lebenswille eines Menschen, gepaart mit dem festen Glauben, wieder gesund zu werden, kann das scheinbar „Unmögliche" möglich machen.

Solange wir uns selbst nicht aufgeben, sind wir nicht verloren - sei es, ob es um unser Leben oder um eine persönliche, familiäre oder berufliche Krise geht. Wir alle besitzen mehr Kräfte und Begabungen, als wir bisher genutzt haben. Was uns lediglich fehlt, um diese Kräfte zu nutzen, ist die Überzeugung, dass wir sie besitzen.

Wir können das „Unmögliche" möglich machen, wenn wir daran glauben.

Unser Denken kann das Paradies in eine Hölle verwandeln und die Hölle in ein Paradies.

GEDANKENKRAFT

Wir bringen es fertig, uns mit finsteren Gedanken und Sorgen über die Zukunft unsere Zufriedenheit und unsere Ausgeglichenheit zu zerstören, obwohl wir allen Grund hätten, zufrieden und glücklich zu sein. Und dann gibt es Menschen, die allen Grund hätten, unglücklich zu sein und für deren Unglücklichsein wir vollstes Verständnis hätten, und trotzdem sind diese Menschen glücklicher als jene, denen es weitaus besser geht.

Es ist unser Denken, das darüber entscheidet, ob wir in der Hölle oder im Paradies leben. Unsere Gedanken sind unsere größten Reichtümer. Achten Sie gut auf diesen Schatz.

Wer von uns hat nicht schon oft erlebt, dass seine Befürchtungen eingetroffen sind? Können wir hellsehen? Nein. Es ist einfach nur so, dass wir das erleben, was wir uns im Geiste ausmalen und worauf wir uns in Gedanken konzentrieren.

Unsere Gedanken bestimmen unser Handeln bis hin zur kleinsten Bewegung in unseren Fingern. Deshalb steuern wir immer auch auf das zu, was wir uns ausmalen und woran wir denken. Wenn wir ständig erwarten, Pech zu haben, dann werden wir vom Pech verfolgt. Wenn wir stets damit rechnen, zu versagen, dann pflastern Niederlagen unseren Weg.

Unsere Prophezeiungen erfüllen sich jedoch nicht nur im Schlechten, sondern auch im Guten. Je mehr wir uns ausmalen und vorstellen, was wir wirklich erleben und erreichen möchten, umso häufiger werden wir diese Dinge erleben.

Wir erleben,
was wir
erwarten oder
befürchten.

Jeder kann jederzeit etwas aus dem machen, was aus ihm gemacht wurde.

Jeder von uns ist unter anderen Bedingungen aufgewachsen. Die einen hatten es leichter, die anderen schwerer. Manchen wurden Schmerz und Leid zugefügt, andere hatten eine unbeschwerte und sehr schöne Kindheit.

Wenn Menschen mit einer schweren Kindheit mangelnde berufliche Möglichkeiten, persönliche Probleme oder Schwierigkeiten mit ihrer Vergangenheit entschuldigen, dann machen sie sich zum Opfer ihrer Vergangenheit und fühlen sich hilflos.

Statt uns darüber zu beklagen, dass wir schlechte Startbedingungen hatten, ist es besser, zu überlegen, welche Fähigkeiten und Möglichkeiten wir haben, um unsere Situation zu verändern. Tatsache ist nämlich, dass jeder Mensch, auch jene mit schlechten Startbedingungen, über all die Kräfte und Fähigkeiten verfügt, um mehr aus seinem Leben zu machen.

Wozu bin ich fähig? Wo liegen meine Grenzen? Von der Beantwortung dieser Fragen hängt es ab, wann wir an unsere Grenzen stoßen. Wenn wir uns einreden, für etwas nicht begabt zu sein, wenn wir glauben, wir seien nicht fähig, eine bestimmte Leistung zu vollbringen, dann setzen wir uns selbst die Grenzen, innerhalb derer wir wirken und leben. Durch unsere Einstellungen darüber, wozu wir fähig sind, setzen wir uns geistige Grenzen, innerhalb derer wir leben.

Wir können nur so weit gehen und so viel vollbringen, wie wir glauben, gehen und vollbringen zu können. Die Geschichte ist voller Menschen, die scheinbar „Unmögliches" leisteten, nur weil sie sich selbst nicht im Weg standen, weil sie keine Grenzen sahen, wo andere welche sahen.

Die meisten Beschränkungen existieren nur in unserer *Vorstellung*, nicht im *Leben*.

*Wir möchten dieses Büchlein
mit einem alten chinesischen Sprichwort
beschließen:*

*Dass die Vögel
der Sorge und des Kummers
über deinem Haupt fliegen,
das kannst du nicht verhindern.*

*Aber dass sie Nester
in deinem Kopf bauen,
das kannst du
verhindern.*

Liebe Leserin, lieber Leser,

Es ist schön zu wissen, dass Sie uns zugehört haben. Es ist schön zu wissen, dass Sie sich die Chance geben, all Ihre Kräfte und Fähigkeiten zu entfalten.

Greifen Sie zu diesem Büchlein, wann immer sich die Vögel der Sorge und des Kummers bei Ihnen einnisten wollen. Machen Sie von Ihrer Fähigkeit Gebrauch, Ihr Leben zu meistern, indem Sie lernen, Ihre negativen Gedanken und Einstellungen zu verändern.

Wir wünschen Ihnen alles Liebe und Gute und würden uns freuen, wenn Sie uns mitteilen, wie Ihnen dieses Büchlein gefallen hat.

Doris Wolf & Rolf Merkle
Am Oberen Luisenpark 33
68165 Mannheim

Verschenktexte

Doris Wolf/Rolf Merkle
Verschreibungen zum Glücklichsein
ISBN 3-923614-04-7

Doris Wolf/Rolf Merkle
Kraftquellen für den Alltag
ISBN 3-923614-51-9

Shad Helmstetter
Anleitung zum Positiven Denken
ISBN 3-923614-28-4

Rolf Merkle
Auch Du kannst mehr aus Deinem Leben machen
ISBN 3-923614-16-0

Start in ein neues Lebensgefühl